KARATE

... mit bloßen Händen

von Peter Pawelz

mit 125 Fotos von P. v. Waldhausen

sowie 16 Zeichnungen von

G. Engel und M. Steiner

11. Auflage

1994

VERLAG WEINMANN — BERLIN

Die Deutsche Bibliothek — CIP-Einheitsaufnahme

Pawelz, Peter:
Karate ... mit blossen Händen / von Peter Pawelz.
Mit 125 Fotos von P. v. Waldhausen sowie
16 Zeichn. von G. Engel und M. Steiner. — 11. Aufl. —
Berlin : Weinmann, 1994
ISBN 3-87892-021-0

Repro: Faesser
Satz und Druck: Hildebrand

INHALTSVERZEICHNIS

Karate war noch vor Jahren in Europa ein unbekannter Begriff. Heute ist dieses Wort den meisten Leuten geläufig, vor allem als Methode zur Zerkleinerung von Holz und Steinen und als Markenzeichen für „gefährliche Tricks". Dem muß entgegnet werden, daß der Begriff Karate damit keineswegs hinreichend erläutert ist.
Karate stellt eine Rationalisierung angeborener und im Prinzip bekannter Kampfpraktiken dar.
Die Behauptung, Karate sei lediglich eine Methode des lautlosen Tötens, ist ebenso falsch wie der von geschäftstüchtigen Managern verbreitete Unfug, jede Hausfrau könne Karate im Schnellkursus (z. B. nach der „Naturmethode" oder dem „Allkampfprinzip") in wenigen Übungsstunden erlernen.
Wer den Karatesport nur einigermaßen beherrschen will, wird dazu jahrelang und intensiv üben und kämpfen müssen. Wer diese Mühe auf sich nimmt, wird dabei nicht nur seinen Körper „in Form halten" und sich im Notfall besser verteidigen können, sondern, wenn er guten Willens ist, auch als Persönlichkeit reifen.
KARATE ... mit bloßen Händen ist eine gründliche methodische Einführung in diese junge Sportart und soll den Leser informieren, was unter dem Begriff „Karate" zu verstehen ist. Dieses Buch kann naturgemäß das eigene Training **nicht** ersetzen und auch nicht **alle** technischen Details dieser Kampfkunst erläutern. Andere Bücher können dies übrigens, entgegen anderslautenden Behauptungen, auch nicht.
Entgegen der üblichen Methode, Grundstellungen, Schlag- und Tritttechniken sowie Abwehrbewegungen beim Karatetraining (Kihon) kombiniert zu lehren, haben wir uns entschlossen, diese Sachgebiete in gesonderten Kapiteln zu beschreiben, so daß der Anfänger die Möglichkeit hat, sich damit einzeln vertraut zu machen, ehe er sie im Kihon zusammen anwendet. Die Karatetechniken tragen japanische Namen. Ihre Bedeutung ist im Fachwörterbuch (S. 63) erläutert.
Leider gibt es unterschiedliche Lehrmeinungen über einen Teil der Techniken. Wir haben uns bemüht, jeweils das Grundprinzip (angelehnt an die Wado-Ryo-Schule) sorgfältig zu beschreiben, und auf Erläuterungen unwichtiger Details verzichtet. Im übrigen sind wir der Meinung, daß es ebenso natürlich ist, daß die Kampftechniken Variationen haben, wie ja auch die Typen der Kämpfer nicht „einheitlich" sind.

Geschichte

Die Grundlagen und die Idee des Karate stammen aus China, wo ähnliche Kampfpraktiken schon seit alter Zeit gelehrt werden. Der Legende nach soll der indische Mönch Daruma Taishi, dem die beschwerliche Reise aus seiner Heimat nach China den Wert körperlicher Leistungsfähigkeit vor Augen geführt hatte, ein Körperertüchtigungs- und Verteidigungssystem erdacht und gelehrt haben, aus dem T'ai chi (jap. = Kempo) entstanden ist. Dieses Selbstverteidigungssystem, das vor etwa 2000 Jahren zunächst von chinesischen Mönchen betrieben wurde, gilt als Ursprung des Karate.

Vermutlich jedoch sind Kempo und ähnliche Verteidigungssysteme nicht die Erfindung eines einzelnen. Ihre Entstehung ist in den Lebensumständen des jeweiligen Ursprungslandes, der Mentalität seiner Bevölkerung und der Notwendigkeit, Angriffe zu überleben, zu suchen.

Kempo verbreitete sich in China und gelangte auch nach Okinawa, einer Insel, die ein geographisches und traditionelles Bindeglied zwischen dem chinesischen Festland und Japan bildet. Dort wurden die Selbstverteidigungskünste intensiv unter dem Namen „Okinawa-te" geübt und weiterentwickelt, da den Einwohnern zeitweise Waffenbesitz untersagt war.

Kempo wird auch heute noch in modernisierter Form in China, Japan, Amerika und neuerdings auch in Europa betrieben.

Funakoshi Gichin, der Begründer des modernen Karate, hatte bei den bekanntesten Meistern Okinawas die alten Verteidigungskünste studiert und zu ihrer heutigen Form weiterentwickelt. Er kam 1917 nach Japan, warb dort mit zahlreichen Vorführungen und formte, besonderen Wert auf die Erziehung des Ausübenden legend, den Karatesport.

Das Wort „Karate" setzt sich aus den beiden japanischen Begriffen Kara = leer (im Sinne von unbewaffnet) und te = Arm, Hand zusammen. Karate gehört zu den Do's (den Wegen, die man im Leben beschreiten soll), die ein traditionelles Erziehungsmittel für Japans Jugend waren und sind, und denen nicht nur Kriegskünste zugeordnet werden, sondern z. B. auch die Kunst, Blumen zu ordnen (Ikebana) oder die Teezeremonie. In Japan hört man häufig die Bezeichnung „Karate-do".

Auch in Korea entwickelten sich ähnliche Verteidigungssysteme, die

heute, unter dem Namen Tae-kwon-do zusammengefaßt und Wett-
kampf geworden (seit geraumer Zeit auch in Deutschland), zahlreiche
Anhänger haben.

1948, nachdem in Japan mehrere Dojos entstanden waren, wurde die
japanische Karate-Assoziation von Funakoshi Gichin gegründet und
von ihm als Haupttrainer geleitet. Karate verbreitete sich inzwischen
über ganz Japan. Besonders an Schulen und Universitäten wird Karate
sehr intensiv geübt. Eine Vereinheitlichung des Systems gelang jedoch
bisher nicht. Es gibt heute in Japan vier Hauptrichtungen:

S h o t o - k a n

W a d o - r y o

G o j u - r y o

S h i t o - r y o

Diese Schulen unterscheiden sich in Feinheiten der Techniken; vor
allem aber werden unterschiedliche Kata (Formübungen) gelehrt. Als
Ausgangsposition z. B. für Stoßtechniken befindet sich die Faust
beim Shoto-kan in Hüfthöhe, beim Goju-ryo dagegen in Höhe der
Brust. Auch geographische Gegebenheiten spielen eine Rolle: In Tokio
übt die Mehrzahl der Karateka das direkt auf Funakoshi Gichin
zurückgehende Shoto-kan, in Osaka hingegen Wado-ryo.

Beim Goju-ryo tragen die Schüler zum Training zeitweise einen Brust-
schutz, gegen den die Techniken mit voller Kraft ausgeführt werden.

Beim Wado-ryo ebenso wie beim Shoto-kan wird gelehrt, die Techniken
kurz vor dem Ziel zu stoppen.

Beim Goju-ryo wird besonderer Wert auf die Atemtechnik gelegt, und
eine besondere Atemübung, Sanchin-kata, gelehrt.

Für Einsichtige jedoch bilden technische Differenzen kein Hindernis
für die Koexistenz verschiedener Lehrmeinungen. In Japan ist es keine
Seltenheit, daß ein höherer Meister der einen Richtung gelegentlich
in einem Dojo der „Konkurrenz" das Training leitet.

Mitte der fünfziger Jahre gelangte die Kenntnis vom Karate auch nach
Europa, und zwar zunächst nach Frankreich, das auch heute noch als
Hochburg des Karate gilt.

Das erste deutsche Karate-Dojo wurde im Frühjahr 1957 von Jürgen
Seydel in Bad Homburg gegründet.

Inzwischen gibt es eine beträchtliche Anzahl von Karateanhängern und zahlreiche Dojos. Ungeachtet der technisch unterschiedlichen japanischen Richtungen gibt es z. Z. in Deutschland vier größere Organisationen, die sich für die Verbreitung des Karate einsetzen und darüber streiten, wer von ihnen das „richtige", „offiziell anerkannte" Karate lehrt. Für die Zukunft bliebe zu hoffen, daß sich die geschätzten Vorsitzenden etc. zum Wohle dieser jungen Sportart entschließen könnten, diesen Partikularismus zu überwinden. Ebenso wünschenswert wäre die Bildung **eines** repräsentativen internationalen Verbandes und die wohlwollende Zusammenarbeit aller Karateka in der Welt.

Übungsraum

Karate wird üblicherweise in einem geschlossenen Raum gelehrt, kann aber auch im Freien geübt werden. In diesem Fall sollte man sich ein stilles Plätzchen suchen und nicht die in öffentlichen Anlagen Erholung suchenden Mitbürger durch Karate-Kleidung und sonderbares Benehmen erschrecken.

Den Übungsraum nennt man **Dojo**, d. h. japanisch „ein Ort, an dem man einen Weg beschreitet". Ursprünglich verstand man unter Dojo einen Tempel; auch heute noch soll es ein Ort innerer Sammlung sein.

In manchen Dojos liegt eine dünne, nicht zu weiche Matte aus, auf der trainiert und gekämpft wird.

Zum Karate-Training bekleidet man sich mit einer weißen bis über die Waden reichenden Hose (darunter Turnhose oder Suspensorium) und einer leichten, kimonoartigen weißen Jacke (Karategi), die mit einem gebundenen Stoffgürtel (Obi) zusammengehalten wird.

An der Gürtelfarbe ist der Leistungsstand des Karateka erkenntlich: Schüler (Kyu) tragen einen farbigen, Meister (Dan) einen schwarzen Gürtel.

Im Dojo befinden sich üblicherweise folgende Übungsgeräte:

Makiwara

Ein Polster (heute vielfach aus Schaumgummi) soll, um Verletzungen beim Aufprall der Schlagfläche zu vermeiden, federnd an einem an Boden oder Wand befestigten, konisch gehobelten Buchenbrett angebracht sein. Der Karateka kann am Makiwara bei einem Stoß (z. B.

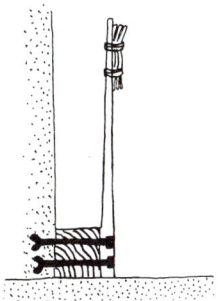

Gyaku-zuki) seine ganze Kraft einsetzen und die Schlagflächen abhärten (Bild 1). Intensive Makiwara-Übungen sind Voraussetzung für Shiwari.

Bild 1

Sack

Ein Sack aus grobem Segeltuch mit einem Durchmesser von ca. 30 cm wird mit nicht zu hartem Schüttgut geeigneter Körnung befüllt und an die Decke gehängt. Gegen diesen Sack wird getreten und geschlagen, wenn sich dieser in Ruhe oder in einer Pendelbewegung befindet.

Seil

Ein Seil, das in einer Schlinge endet, wird durch eine an der Decke befindliche Rolle geführt. Die Übung besteht darin, die Füße abwechselnd in die Schlinge zu legen und nach vorne oder zur Seite so hoch wie möglich zu ziehen, um die für Tritt-Techniken erforderliche Gelenkigkeit zu erzielen.

Gewichte

Um die Gelenke zu kräftigen und die Schlagkraft zu erhöhen, können beim Training zum Treten und Stoßen Bleischuhe oder kleine in den Fäusten gehaltene Hanteln benutzt werden.

Beginn der Übungsstunde

Das Karate-Training ist mühsam und schweißtreibend. Trotzdem sollte man so oft wie möglich trainieren. Es ist günstiger, jeden Tag eine Stunde zu üben als einmal wöchentlich mehrere Stunden.

Nebenstehende Skizze gibt einen Überblick vom Aufbau einer Karate-Übungsstunde.

Es ist Tradition, daß man sich bei Betreten und Verlassen des Übungsraumes verbeugt. Kleidung und Körper müssen in sauberem Zustand sein (Füße waschen, Nägel schneiden). Zwischen dem Training und der letzten Mahlzeit sollten 2–3 Stunden vergangen sein. Beim Karate ist ein Minimum an Disziplin unvermeidbar. Den Anordnungen des Lehrers ist Folge zu leisten. Während des Trainings wird wenig gesprochen. Alle Übungen sind intensiv und so präzise wie möglich auszuführen. Zu Beginn des Trainings stellen sich die Schüler, dem Lehrer gegenüber, nebeneinander in einer Linie auf. Die höheren Kyugrade stehen rechts, daneben in der Reihenfolge ihrer Gürtelfarben die anderen. Lehrer und Schüler knien gemeinsam nieder und setzen sich auf die Fersen. Der Oberkörper muß aufrecht sein, die Hände werden flach auf die Oberschenkel gelegt, der Nacken wird geradegehalten. Auf ein Zeichen verbeugen sich Schüler und Meister zur Begrüßung, indem sie die Hände auf den Boden legen und sich verneigen (das Gesäß bleibt dabei auf den Fersen). Nach der Begrüßung stehen Lehrer und Schüler auf und beginnen zur Lockerung und Erwärmung der Muskulatur mit der Gymnastik.

Gymnastik

Zur Körperschulung beim Karate können Übungen, wie man sie in jeder „gutbürgerlichen Gymnastik" findet, verwendet werden. Üblich bzw. für Karatebewegungen besonders geeignet sind folgende Übungen:

Halsmuskeltraining

 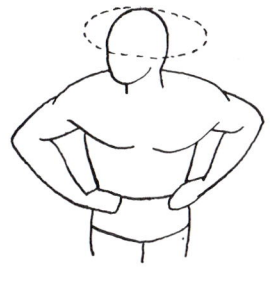

Bild 2   Bild 3

Man steht aufrecht und stemmt die Hände in die Hüften. Der Kopf wird abwechselnd kräftig nach vorn und hinten (Bild 2) oder nach rechts und links bewegt. Außerdem werden mit dem Kopf kreisende Bewegungen ausgeführt (Bild 3).
Die gleichen Bewegungen sollten auch im Liegen geübt werden.

Arm- und Schultertraining

Man hebt die Arme in Brusthöhe, winkelt sie im Ellenbogengelenk ein (Daumen zeigen zur Brust) (Bild 4) und schleudert dann die Unterarme mit hoher Geschwindigkeit seitwärts, wobei die Oberarme sich nicht bewegen dürfen und in einer Linie bleiben müssen (Bild 5).

Bild 4/5

Bild 6/7

Bei einer anderen Übung hält man die Fäuste vor der Brust unter dem Kinn (die Ellenbogen liegen nahe nebeneinander) (Bild 6) und stößt dann die Fäuste mit einer Drehung kräftig nach oben (Bild 7).

Man kann die Arme auch seitwärts halten und sie abwechselnd vorwärts und rückwärts kreisen lassen.

Hüfttraining

Bild 8

Man steht in Grätschstellung und dreht den Oberkörper so, daß abwechselnd die rechte Hand den linken Fuß und die linke Hand den rechten Fuß berührt (Bild 8). Anschließend wird die Hüftpartie durch kreisende Bewegungen des Oberkörpers gelockert.

Liegestütz

Man legt sich auf den Bauch (Zehen aufgesetzt), stützt die Handflächen oder Fäuste schulterbreit auf den Boden und drückt den gestreckten Körper möglichst oft hoch (Bild 9).

Bild 9

Kniebeugen

Um die Beinmuskulatur zu kräftigen, empfehlen sich besonders Kniebeugen (Bild 10). Man kann sich dabei einen Partner auf die Schultern legen.

Bild 10

Dehnübungen

Bild 11

Um Fußtechniken bis in Höhe des gegnerischen Kopfes erfolgreich ausführen zu können, sollte Spagat geübt werden. Man steht in möglichst weiter Schrittstellung und läßt die Füße langsam nach vorn und hinten auseinandergleiten, bis man mit den Händen (und später mit dem Gesäß) den Boden erreicht (Bild 11).

Man steht möglichst breitbeinig (Füße parallel) und versucht, mit dem Kopf den Boden zu berühren (Bild 12).

Bild 12

15

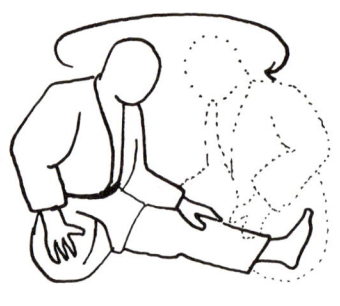

Bild 13

Man geht mit einem Bein in die Kniebeuge und streckt den anderen Fuß seitlich aus, so daß die Ferse den Boden berührt und die Fußspitze nach oben zeigt. Ohne sich aufzurichten und die Fußstellung zu verändern, verlagert man das Körpergewicht abwechselnd auf den rechten oder linken Fuß (Bild 13).

Man kniet nieder, setzt sich zwischen die eigenen Füße und beugt den Oberkörper nach hinten, so daß der Kopf den Boden berührt.

Man setzt sich im Schneidersitz auf den Boden und zieht die Füße an den Körper heran. Der Partner tritt abwechselnd auf ein Knie und drückt es seitlich zu Boden (Bild 14), oder man drückt selbst mit den Händen die Knie zu Boden.

Bild 14

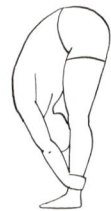

Bild 15

Man steht mit gestreckten Beinen und drückt den Kopf gegen die geschlossenen Knie, indem man die Hände hinter den Oberschenkeln verhakt und den Körper heranzieht (Bild 15). Die gleiche Übung

16

kann man auch im Sitzen machen.

Man setzt sich, grätscht die Beine und versucht, mit der Stirn zwischen den Oberschenkeln den Boden zu berühren (Bild 16).

Bild 16

Bild 17/18

Man legt sich auf den Bauch und preßt die Füße aneinander (Bild 17). Nun schnellen Oberkörper und Beine soweit wie möglich mehrmals hintereinander hoch (Bild 18). Bei der ganzen Übung ist ruhig zu atmen.

Ein Partner hält die Füße fest; man hebt den Körper seitwärts an (Bild 19).

Bild 19

Aus tiefer Kniebeuge versucht man, sich bei einem Sprung möglichst weit zu strecken, läßt dabei den Bauch nach vorn schnellen und springt so hoch wie möglich.

Grundstellungen

a) Bereitschaftsstellungen

Musubi-dachi

Bild 20

Die Fersen werden zu-sammengehalten, der Körper steht aufrecht und die gestreckten Arme liegen eng am Körper. Die Finger sind gestreckt und liegen ge-schlossen vor den Ober-schenkeln (Bild 20).

Hachiji-dachi

Auf das Kommando des Lehrers „Yoi" (bereit sein) oder „Yame" (Übung zu Ende)

18

schließen sich die Hän-
de zu Fäusten . Die
Bewegung wird lang-
sam ausgeführt, die
Fäuste sind am Ende
der Bewegung ange-
spannt, die Füße stehen
in ca. 20 cm Abstand
nebeneinander. Diese
Bewegungen werden
vor und nach jeder
Kata ausgeführt und
auch beim Kihon ver-
langt.

Bild 21

b) Kampfstellungen

Beim Karatetraining, ähnlich wie z. B. auch beim Fechten, muß viel
Zeit und Sorgfalt darauf verwendet werden, richtig, d. h. mit dem
Körperschwerpunkt, möglichst tief zu stehen und sich bei gleich-
bleibender Höhe des Schwerpunkts über dem Boden zu bewegen.
Andernfalls kommt man beim Schlag aus der Balance, und nur ein
Teil der entwickelten Schlagkraft gelangt ins Ziel.

19

Kiba-dachi

Bild 22

Der Körper steht aufrecht. Die Füße sind parallel und mehr als schulterbreit voneinander entfernt. Die Knie werden nach außen gedrückt und das Gesäß tief gehalten. Die Unterschenkel stehen senkrecht zum Boden (Bild 22). Aus dieser Stellung kann der Anfänger Faustschläge üben.

Shiko-dachi
Desgleichen, aber Füße nach außen gedreht.

Zenkutsu-dachi
Beide Füße stehen in Schulterbreite. Der eine Fuß wird einen großen Schritt (je nach Körpergröße) nach vorn gestellt. Dabei ist besonders von Anfängern zu beachten, daß das hintere Bein gestreckt gehalten wird und beide Füße flach auf dem Boden stehen.

Bild 23/24

Das vordere Bein ist im Kniegelenk gebeugt, der Unterschenkel steht senkrecht, der Oberkörper ist aufrecht. Man muß sich bemühen, eine möglichst tiefe Stellung zu erreichen; tiefer Schwerpunkt (Hüfte) bedeutet größere Standfestigkeit (Bild 23/24).

20

Kokutsu-dachi

Die Spitze des vorderen Fußes zeigt nach vorn. Der hintere Fuß steht einen Schritt zurück, ist um 90° gedreht und zeigt nach außen. Das hintere Bein (das Knie befindet sich über der Fußspitze) ist gebeugt. Die Füße stehen so, daß eine gedachte Linie, die durch den vorderen Fuß verläuft, den hinteren Fuß in der Mitte trifft. Das Körpergewicht ruht hauptsächlich auf dem hinteren Bein (Bild 25).

Bild 25

Neko-ashi-dachi

Bei dieser Stellung (Variante von Kokutsu-dachi) ist zu beachten: Nur die Zehenspitze des vorderen Fußes berührt den Boden, die Ferse ist angehoben. Aus dieser Stellung kann man mit dem vorderen Fuß treten bzw. seinen Unterkörper schützen, indem man das vordere Knie anhebt (Bild 26).

Bild 26

21

Angriffszonen und Richtungen

Jodan

Chudan

Gedan

Bild 27

Karate-Techniken können den Körper des Gegners in verschiedener Höhe treffen. Zur Zielangabe nennt man darum vor dem Namen der Technik die entsprechende Angriffszone (Bild 27). Zum Beispiel wird ein Tritt zum Kopf des Gegners als **Jodan**-mae-geri bezeichnet.

Um beim Training (z. B. Kata) die Richtung einer Körperbewegung angeben zu können, benutzt man die Windrose (Bild 28). Dabei geht man von der Voraussetzung aus, daß sich die Schultern des Ausübenden auf der Ost-West-Achse befinden und sein Blick nach Norden gerichtet ist.

Bild 28

Stoß- und Schlagflächen

Faust

Die Hand wird in vier Phasen zur Faust geschlossen: Die aneinanderliegenden Finger werden gestreckt und der Daumen abgespreizt. Danach werden die Fingerspitzen kräftig angewinkelt. Die Faust wird geschlossen, indem man die Finger im Grundgelenk nach innen krümmt. Anschließend wird der Daumen auf den Mittelfingerrücken gepreßt. Zum Angriff werden nur die Knöchel des Zeige- und Mittelfinger-Grundgelenks (Bild 29) benutzt. Durch diese kleine Treffläche wird der Wirkungsgrad des Stoßes stark erhöht. Faust und Unterarm bilden eine gerade Linie. Dadurch wird die Gefahr von Mittelhand-

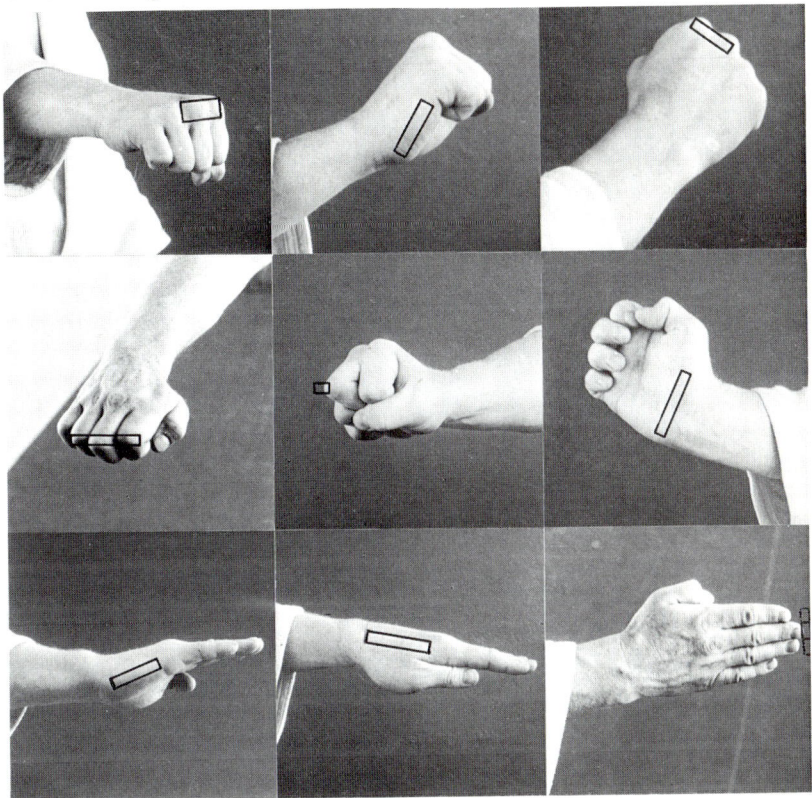

Bild 29—37

knochen-Verletzungen erheblich gemindert. Die Finger befinden sich im rechten Winkel zum Faustrücken, der nach oben zeigt.

Außerdem werden die Kleinfingerkante der zur Faust geballten Hand (Bild 30), der Faustrücken (Bild 31), die vorstehenden Fingerknöchel der gekrümmten Hand (Bild 32), der vorstehende Knöchel des in die Faust eingeklemmten Mittelfingers (Bild 33) sowie die Handwurzel

(Bild 34) als Schlagfläche benutzt.

Handkanten

Die Finger werden fest aneinandergepreßt und angespannt. Der Daumen wird angewinkelt und fest an den Handteller gedrückt. Zum Angriff benutzt man die Kleinfingerseite des Handtellers zwischen Handwurzel und Fingeransatz (Bild 35) oder die Zeigefingerseite (Bild 36).

Fingerspitzen

Zum Stoß gegen empfindliche Körperpartien (z. B. Hals) können die Fingerspitzen der gestreckten Hand, die mit dem Unterarm eine gerade Linie bildet, benutzt werden (Bild 37). Manche Meister lehren, daß dabei die Kuppe des Mittelfingers nicht über die von Zeige- und Ringfinger hinausragen darf.

Außerdem können die Ellenbogen und die Stirn zum Stoß benutzt werden.

Stoß- und Schlagtechnik (Tsuki)

Alle Schlagtechniken müssen rechts und links, zuerst langsam, später möglichst schnell, auf jeden Fall exakt und häufig geübt werden.

Zunächst empfiehlt es sich, das abwechselnde Schlagen mit beiden Fäusten zu üben: Der Körper steht aufrecht (Hachiji-dachi oder Kiba-dachi). Die linke Faust hält man in Brusthöhe vor dem Körper (Handrücken zeigt nach oben).

Die rechte Faust befindet sich an der Seite (Finger nach oben). Nun wird die rechte Faust nach vorn geschoben, während sich gleichzeitig die linke Faust zur linken Körperseite zurückbewegt, Beide Bewegungen müssen synchron laufen, die Fäuste treffen sich auf halbem Wege und werden jeweils am Zielpunkt der Bewegung fest geschlossen und gedreht. Der Stoß wird parallel zum Boden geführt und soll den Gegner in Höhe des Solar plexus treffen. Die Ellenbogen werden eng am Körper vorbeigeführt, Schultern und Hüften bewegen sich nicht. Jeweils am Endpunkt des Schlages (Arm gestreckt) wird hörbar ausgeatmet, eingeatmet und der nächste Schlag mit der anderen Faust ausgeführt. Atmung und Bewegung müssen koordiniert sein. Um eine hohe Schlaggeschwindigkeit zu erzielen, muß man sich besonders auf das Zurückreißen der nicht schlagenden Faust konzentrieren.

Jun-zuki (Oi-zuki)

— Vorstehendes Bein und schlagender Arm befinden sich an der gleichen Körperseite —

Bild 38/39

Man nimmt Zenkutsu-dachi-Stellung ein. Das rechte Bein steht vorn, die rechte Faust ist geschlossen und liegt (Finger nach oben) an der Seite. Die linke Faust wird gerade nach vorn, parallel zum Boden, ausgestreckt; der Handrücken zeigt nach oben. Der vordere Arm wird zurückgerissen und die an der Seite befindliche Faust nach vorn gestoßen. Dabei werden die Ellenbogen dicht am Körper bewegt; Hüfte und Schultern bleiben quer zur Laufrichtung und bewegen sich nicht. Kurz bevor der Arm gestreckt ist, dreht man den Handrücken nach oben — die Faust trifft einen gedachten Gegner in Solar-plexus-Höhe (Magengrube). Nachdem man sich mit den Bewegungen vertraut gemacht hat, geht man aus Hachichi-dachi in Zenkutsu-dachi und führt, indem der vordere Fuß aufgestellt wird, drei Bewegungen gleichzeitig aus (Bild 38/39):

1. Linken Fuß vorstellen.
2. Linke Faust stoßen.
3. Rechte Faust an die rechte Brustseite zurücknehmen.

Gyaku-zuki

— Hinten stehendes Bein und schlagender Arm befinden sich an der gleichen Körperseite. Die Füße stehen weiter auseinander als bei Jun-zuki —

Bild 40

Man nimmt Zenkutsu-dachi ein. Das linke Bein wird nach vorn links außen gestellt, die Zehen zeigen leicht nach innen. Die rechte Faust befindet sich an der rechten Brustseite. Die Finger zeigen nach oben. Die linke Faust wird nach vorn gestreckt. Die vordere Faust wird nun an die linke Brustseite zurückgerissen. Die rechte Faust und die rechte Körperseite (man dreht dabei die rechte Hüfte in Richtung des linken Oberschenkels nach innen) werden nach vorn gestoßen und am Ende der Bewegung ruckartig gestoppt (Bild 40). Im Moment des Stoßes muß die rechte Schulterspitze senkrecht über der Hüfte bleiben.

Jun-zuki-no-tsukkomi

Man steht so, daß sich die Fersen fast berühren und die Fußspitzen einen Winkel von 90° bilden. Der linke Fuß zeigt in Angriffsrichtung. Man stellt nun den linken Fuß etwa zwei Körperbreiten nach vorn, das vordere Knie ist gebeugt, der Unterschenkel steht senkrecht. Der rechte Fuß wird nicht bewegt, das Bein ist gestreckt. Der Oberkörper wird nach vorn in Angriffsrichtung gelehnt, so daß sich der Kopf senkrecht über dem Knie befindet.

Im Moment des linken Ausfallschrittes stößt man die linke Faust in Augenhöhe nach vorn; gleichzeitig wird die rechte Faust (Finger zeigen nach oben) an die rechte Brustseite zurückgerissen (Bild 41/42).

Bild 41/42

Gyaku-zuki-no-tsukkomi

Die Füße stehen so in einer Linie hintereinander, daß die rechten Zehen die linke Ferse berühren. Nun stellt man den linken Fuß ca.

Bild 43/44

27

zwei Körperbreiten seitwärts nach links. Das rechte Knie wird dabei gestreckt. Die Füße bleiben parallel und zeigen in Angriffsrichtung. Das linke Knie ist gebeugt. Man führt aus dieser Stellung Gyaku-zuki rechts aus. Im Moment des Stoßes wird der Körper nach links gestreckt (Bild 43/44).

Tobi-komi-zuki

Man nimmt Hidari-hammi-shizentai (Natürliche Stellung links ein. Die Arme mit zu Fäusten geballten Händen hängen locker an den

Körperseiten. Im Moment des Ausfallschritts mit dem linken Fuß erfolgen drei Bewegungen gleichzeitig (Bild 45—50):

1. Der rechte Unterarm wird im Ellenbogengelenk gehoben, so daß sich die rechte Faust kurz vor der linken Achselhöhle befindet.
2. Der linke Unterarm wird angewinkelt und die Faust ohne Unterbrechung in Kopfhöhe ins Ziel gestoßen.

3. Kurz vor dem Auftreffen werden beide Fäuste so gedreht, daß der linke Handrücken nach oben und der rechte nach unten zeigt.
Unmittelbar nach dem Stoß wird der linke Arm im Ellenbogengelenk (Spitze nach unten) abgewinkelt und beide Fäuste gedreht, so daß die Kleinfingerseiten nach unten zeigen. Danach wird der rechte Fuß etwas vorgestellt und dann der linke zurückgenommen. Die Fäuste werden wieder locker an den Körperseiten gehalten.

Nagashi-zuki

Die Stoßtechnik entspricht dem Tobi-komi-zuki, ebenso zunächst die Fußstellung. Der Unterschied besteht darin, daß im Moment des Stoßes das rechte Bein durch Hüftdrehung halbkreisförmig (Ferse voran) hinter dem linken Fuß nach links außen gestellt wird, so daß die eigene linke Seite zum Angreifer zeigt (Bild 51/52).

Bild 51/52

29

Tettsui-uchi

Der Schlag mit der Faust erfolgt von oben nach unten, das Ziel wird mit der Kleinfingerseite der Faust getroffen. Die Faust muß fest geschlossen und die Handmuskulatur angespannt sein (Bild 53/54).

Bild 53/54

Ura-ken

Es wird mit dem Faustrücken geschlagen, so daß die Knöchel der Zeige- und Mittelfingergrundgelenke auftreffen. Die Ellenbogenspitze zeigt bei Beginn des Schlages in Zielrichtung. Der Unterarm ist angewinkelt, die Finger zeigen zur Schulter. Aus dieser Haltung wird der Faustrücken ins Ziel „gepeitscht", d. h., die Faust schnellt vor und wird nach dem Auftreffen übergangslos und beschleunigt zurückgerissen (Bild 55/56).

30

Bild 55/56

Tate-zuki

Hierbei handelt es sich um eine Variante der Fausthaltung bei Jun-zuki oder Gyaku-zuki. Tate-zuki ist eine Nahkampftechnik, die bei geringem Abstand zum Gegner angewandt wird. Es wird mit gebeugtem Ellenbogengelenk gestoßen; Zeige- und Mittelfingerknöchel treffen auf. Die Faust wird beim Stoß nur so weit gedreht, daß die Kleinfingerseite zum Boden zeigt.

Morote-zuki

Bild 57

Hierbei wird gleichzei-
tig mit beiden Fäusten
(Arme synchron) nach
verschiedenen Zielen
gestoßen (Bild 57).

Shuto-uchi

Der Handkantenschlag ist die in Laienkreisen bekannteste Karate-
technik. Als Erfinder gelten die Samurai, die einen Panzer trugen, der
die Hände bis über die Knöchel bedeckte und daher Faustschläge
nicht zuließ.
Die Armbewegung bei der Ausführung von Handkantenschlägen wird
nicht einheitlich gelehrt. In jedem Falle ist zu beachten, daß nur die
angespannte Handtellerkante auftrifft.

Trittflächen

Fußballen

Die Zehen sollen bei Tritten etwa rechtwinklig nach oben gebogen
werden. Das Ziel wird mit der Ballenfläche getroffen (Bild 58).

Fußaußenkante

Man biegt den großen Zeh nach oben, die übrigen Zehen abwärts. (Es wird auch gelehrt, alle Zehen nach oben oder nach unten abzuwinkeln.) Die Fußkante steht im rechten Winkel zum Schienbein. Das Ziel wird mit der angespannten Fußaußenkante (von der Ferse bis etwa zur Fußmitte) getroffen (Bild 59).

Spann

Bei diesem Tritt werden der Fuß und die Zehen gestreckt, so daß beide mit dem Schienbein eine gerade Linie bilden. Der Gegner wird mit der Mittelfußpartie (Spann) getroffen (Bild 60).

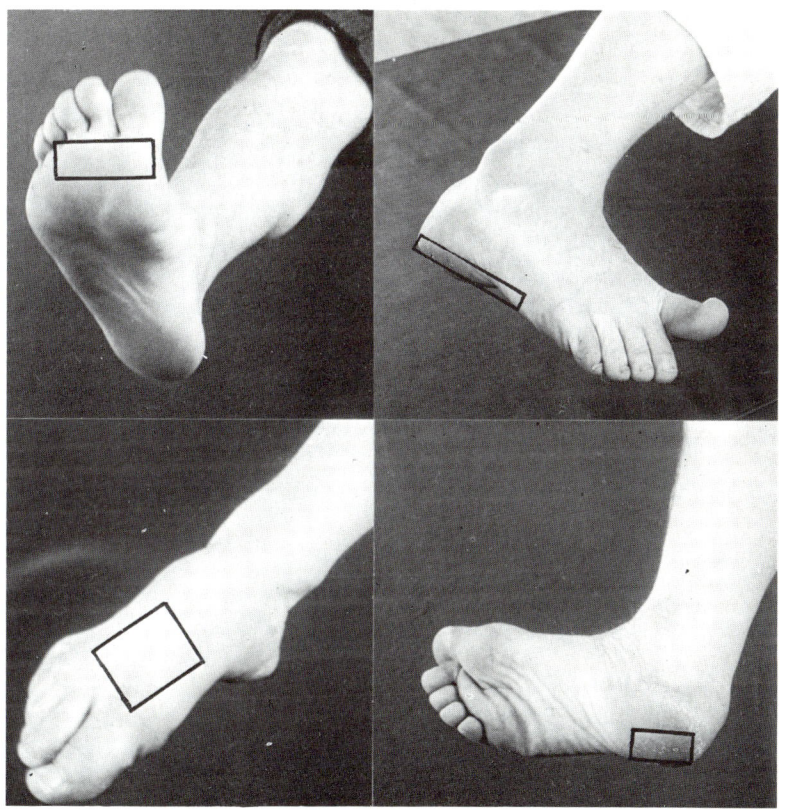

Bild 58-61

Außerdem kann der Gegner mit der Ferse (Bild 61) — Fuß anspannen, Zehenhaltung siehe Fußaußenkante — oder mit dem Knie — Fuß wird abwärts gestreckt — angegriffen werden.

Tritt-Techniken (Keri)

Beim Karate ist es erforderlich, mit den Beinen eine nahezu akrobatische Geschicklichkeit zu besitzen, um z. B. mühelos den Kopf des Gegners zu treffen. Daher muß die Fußtechnik besonders exakt — am besten in einem gesonderten Trainingsabschnitt — geübt werden.

Bei Tritt-Techniken darf man seine Balance nicht verlieren. Sie werden mit lockerer Muskulatur stets rechts und links geübt und müssen genau placiert werden. Merke: Schlechte Fußtritte verärgern den Gegner.

Mae-geri

Man steht in Kampfstellung, die Füße schulterbreit leicht versetzt hintereinander. Die Knie sind gebeugt, das Gewicht ist auf beide Füße verteilt, der vordere zeigt in Angriffsrichtung. Man wendet dem Gegner bei aufrechter Körperhaltung die linke Seite zu. Die Arme werden locker angewinkelt vor der Brust gehalten. Die Fäuste sind leicht geschlossen. Zum Treten wird nun das Gewicht auf den vorderen Fuß verlagert. Das vorstehende Bein wird dabei im Kniegelenk leicht gekrümmt (der Oberkörper bleibt aufrecht und steht über dem vorderen Fuß). Der Tritt soll in 4 Phasen zunächst langsam geübt werden:

1. Das rechte Knie wird nach vorn gezogen (Fußspitze zeigt nach unten) und bis über die Gürtellinie angehoben.
2. Der Unterschenkel schnappt in Angriffsrichtung. Die eigene Körperhaltung bleibt unverändert. Der Fußballen trifft rechtwinklig zu einem gedachten Gegner ins Ziel. Die Zehen sind nach oben gebogen.
3. Anschließend an den Tritt schnappt der Unterschenkel im Kniegelenk wieder in die senkrechte Stellung zurück.
4. Danach wird der Fuß wieder in die Ausgangsstellung auf den Boden zurückgesetzt.

Beim Training kann der Lehrer die einzelnen Trittphasen mit 1, 2, 3, 4 bezeichnen. Die ganze Bewegung wird später in der verkürzten Zählweise 1 (= 1 − 3); 2 (= 4) ausgeführt und schließlich mit einem Kommando geübt (Bild 62—66).

Für Anfänger kann folgende Vorübung empfohlen werden: Man hält den Oberschenkel mit der rechten Hand hoch und läßt den Fuß blitzschnell aus dem Kniegelenk heraus vor- und zurückschnappen.

Bild 62—66

Mawashi-geri

Man steht in Kampfstellung, der linke Fuß vorn. Die Fäuste werden vor der Brust gehalten. Man hebt das angewinkelte rechte Knie, bis sich der rechte Fuß seitlich möglichst in der Waagerechten befindet, d. h., die Außenseiten von Ober- und Unterschenkel zeigen nach oben, die Fußspitze nach rechts seitwärts. Dabei knickt man den Oberkörper ca. 45° in der Hüfte nach links ab. Jetzt wird mit dem rechten Fuß eine schnappende Bewegung wie bei Mae-geri ausgeführt, mit dem Unterschied, daß die Trittfläche (Fußballen oder Spann) im Halbkreis etwa horizontal von außen nach innen ins Ziel schnellt (Bild 67—71).

35

Bild 67-71

Sokuto

Man steht in Kampfstellung — der linke Fuß vorn — und hebt das rechte Knie so weit an, daß sich der Fuß in Höhe des linken Knies befindet. Die Fußaußenkante zeigt nach vorn, der Fuß ist (großer Zeh nach oben — die übrigen abwärts) gespannt. Jetzt wird der Fuß nach vorn ins Ziel gestochen. Es trifft die angespannte Fußaußenkante. Man wendet dem Gegner die rechte Körperseite zu. Im Moment des Vorstoßens der rechten Fußkante wird die linke Fußspitze nach links gedreht (Körper mitnehmen). Nach dem Auftreffen (Bein gestreckt) wird der Fuß wieder zurückgenommen und rechts vor dem Körper abgesetzt, wobei die Zehen des linken Fußes wieder in Trittrichtung zurückgedreht werden und man dem Gegner die rechte Körperseite zuwendet (Bild 72—76). Die gleiche Technik wird auch abwärts gegen das jeweils vorn stehende Knie des Gegners ausgeführt: Sokuto-fumi-komi.

36

Bild 72—76

Außerdem ist es möglich, aus Kiba-dachi seitwärts zu treten: Yoko-geri.

Ushiro-geri

Aus der Kampfstellung stellt man den vornstehenden linken Fuß eine Schulterbreite nach rechts, dreht sich auf den Fußsohlen nach rechts, bis der eigene Rücken zum Gegner zeigt. Das linke Knie wird gebeugt, der rechte Fuß bis in Höhe des linken Knies angehoben, die Zehen zeigen nach unten. Der Fuß sticht nun gerade nach hinten ins Ziel (es trifft die angespannte Fußaußenkante). Gleichzeitig neigt sich der Oberkörper — je höher das Ziel, desto tiefer. Sofort nach dem Auftreffen der Fußkante nimmt man das Bein zurück und dreht sich wieder zum Gegner (Bild 77—83).

Bild 77—83

Ura-mawashi-geri

Aus der Kampfstellung (rechter Fuß vorn) stellt man das linke Bein hinter dem rechten vorbei in Richtung Gegner und dreht diesem dabei den Rücken zu. Nun schwingt man das Bein aus dem Hüftgelenk nach rückwärts, ohne dabei den Gegner aus den Augen zu lassen, so daß die Ferse ins Ziel trifft. Sofort nach Auftreffen wird das Bein zurückgeschwungen; man dreht sich wieder zum Gegner und steht in der gleichen Stellung wie zu Beginn der Technik (Bild 84—87).

Abwehrtechniken (Uke)

Ziel der Karate-Abwehr ist es (von Ausnahmen abgesehen), eine gegnerische Angriffstechnik nicht aufzuhalten, sondern aus ihrer Zielrichtung abzulenken. Daraus folgt, daß man die Abwehrtechnik genau im richtigen Moment, also kurz bevor der Gegner trifft, ausführen muß. Dies stellt hohe Anforderungen an die eigene Reaktionsfähigkeit und erfordert Übung und Kampferfahrung.

Jodan uke

Mit dieser Abwehr können Schläge des Gegners, die unseren Kopf treffen sollen, abgelenkt werden. Man steht in Zenkutsu-dachi (der rechte Fuß steht vorn) und hebt die rechte Faust, so daß der Handrücken zum Gegner weist. Der Unterarm zeigt schräg nach oben, die Faust befindet sich ca. 10 cm vor dem eigenen Kinn. Aus dieser Position wird die Faust weiter nach oben gehoben, bis sie sich links über dem Kopf befindet. Im gleichen Moment wird die Faust so gedreht, daß nunmehr die Finger zum Gegner zeigen. Der Oberarm wird parallel zum Kopf gehalten, die Mitte des Unterarms befindet sich über der Stirn. Die linke Hand wird an die linke Brustseite genommen.

Bild 88/89

Wird Jodan-uke in Zenkutsu-dachi-Stellung geübt, so wird stets der Arm an der Seite zur Abwehr hochgerissen, an der das Bein vorgestellt ist (Bild 88/89).

Gedan-barai

Hiermit werden Tritte und Schläge, die zum Unterkörper zielen, abgelenkt. Man steht in Zenkutsu-dachi, der rechte Fuß ist vorgestellt, die rechte Faust befindet sich an der Seite, die linke Faust (Arm gestreckt) zeigt nach vorn. Nun wird die rechte Faust zur linken

Bild 90—93

Schulter gehoben, die Kleinfingerseite zeigt zur Brust. (Manche Meister fordern, daß der linke Unterarm in dieser Position parallel unter dem rechten Unterarm mit nach rechts unten zeigender Faust gehalten wird.) Zur Abwehr schlägt man den rechten Unterarm schnell und kräftig nach unten. Dabei wird die Faust gedreht, so daß der Handrücken zum Gegner zeigt. Die Bewegung endet eine Faustbreite rechts neben dem rechten Oberschenkel ca. 20—30 cm oberhalb desselben. Während die rechte Faust abwärts schlägt, wird die linke an die linke Brustseite zurückgezogen (Bild 90—93).

Bild 94/95

41

Uchi-uke

Diese Technik dient zur Abwehr von Schlägen zum Oberkörper. Man hebt den rechten Ellenbogen in Schulterhöhe, der Unterarm steht senkrecht, die Ellenbogenspitze zeigt nach rechts außen. Die Finger zeigen nach vorn, werden gekrümmt in Kopfhöhe gehalten und sind noch nicht zur Faust geschlossen. Aus dem Schultergelenk wird der Ellenbogen über die Körpermitte nach links gerissen, so daß man über den Bizeps hinweg zum Angreifer sehen kann. Dabei wird die Faust fest geschlossen und so gedreht, daß der Handrücken zum Angreifer zeigt. Die Faust bleibt während der ganzen Verteidigungsbewegung in Augenhöhe. Die Abwehr des gegnerischen Schlages erfolgt mit der Unterarmmuskulatur in Ellenbogennähe. Die linke Faust wird bei der Abwehr an die linke Brustseite gebracht (Bild 94/95).

Soto-uke

Dient ebenfalls zur Abwehr von Schlägen zum Oberkörper. Die rechte Faust wird vor der linken Hüfte gehalten, der Handrücken zeigt zum Angreifer. Aus dem Ellenbogengelenk wird die Faust nun in einem Viertelkreisbogen nach rechts oben bis in Augenhöhe gerissen. Handrücken und Ellenbogen zeigen zum Gegner. Der Ellenbogen befindet sich eine Faustbreite vor der eigenen Brust, Ober- und Unterarm bilden einen rechten Winkel. Die linke Faust wird bei der Abwehrbewegung an die linke Brustseite genommen (Bild 96—98).

Juji-uke

Hiermit können Tritte zum Unterkörper abgeblockt werden. Die beiden geschlossenen Fäuste befinden sich an den Körperseiten. Man beugt den Oberkörper vor und zieht das Gesäß zurück. Gleichzeitig werden beide Fäuste über Kreuz abwärts gestoßen, so daß sich die Unterarme jeweils in der Mitte berühren. Der Tritt wird zwischen den beiden Fäusten abgefangen, die Handrücken zeigen zum Gegner (Bild 99—101). Die gleiche Abwehr mit gekreuzten Unterarmen ist auch als Verteidigung gegen Stöße zum Kopf geeignet. Man stößt beide Fäuste nach oben, so daß die Handinnenseiten zum Gegner zeigen (Jodan-juji-uke).

Bild 99—101

Kihon

Bei jedem Kampfsport ist es nötig, sich schnell und zweckmäßig zu bewegen. Es ist daher erforderlich, die bisher (hoffentlich!) im Stand geübten Techniken in der Bewegung auszuführen. Hinzu kommt, daß es im Kampf nicht genügt, Bewegungen „zu kennen", sondern man muß ohne quälende Denkarbeit jederzeit unbewußt das Richtige tun. Kihon dient bei gleichzeitiger Förderung der Kondition diesem Zweck. Die Karate-Techniken werden in jeweils vom Lehrer angegebenen Bewegungsabläufen geübt. Durch möglichst häufiges und exaktes Wiederholen (zuerst langsam, dann immer schneller) werden diese Bewegungen ins Unterbewußtsein eingeprägt. Nach alter militärischer Erfahrung ist Exerzieren ein zwar stures, aber geeignetes Mittel dafür.

Die Übenden stellen sich nebeneinander in einer oder mehreren Reihen (bei Tritt-Techniken gelegentlich nach dem „Gänsemarsch-Prinzip" auch hintereinander) in Ausgangsstellung auf. Beim Kihon ist es üblich, den Blick auf einen in Laufrichtung und Augenhöhe befindlichen imaginären Punkt zu richten.

Um ein einheitliches Bild der Übenden zu erreichen, schlägt man auf einen Punkt, der sich eine Armlänge vor der Brust in Höhe des Solar plexus (Magengrube) eines gedachten Gegners befindet. Dies gilt, wenn nicht anders angegeben, für alle Fausttechniken.

Im Moment des Auftreffens der Faust auf diesen Punkt („Brennpunkt" = Arm gestreckt!) ist die Muskulatur des ganzen Körpers gespannt. Um schnelle Bewegungen zu ermöglichen, ist es nötig, die Muskulatur gleich danach und während aller übrigen Bewegungen wieder zu entspannen. Der Schwerpunkt unseres Körpers (er befindet sich etwa dort, wo der Bauchnabel ist) soll beim Kihon tief liegen und darf sich beim Laufen nicht wellenförmig auf und ab bewegen.

Jun-zuki

Kihon beginnt man üblicherweise mit Jun-zuki. Auf Kommando des Lehrers: „Yoi" wird zunächst Hachiji-dachi-Stellung eingenommen. Auf ein weiteres Kommando gehen die Schüler aus dieser Stellung in Zenkutsu-dachi. Alle Übungen werden grundsätzlich links begonnen (Kommando: Hidari-gamae). Anfänger können zunächst nur das Laufen in Zenkutsu-dachi üben.

Beim Vorsetzen des linken Fußes müssen gleichzeitig drei Bewegungen ausgeführt werden:

1. Fuß aufstellen. 2. Linke Faust nach vorn stoßen.

3. Die rechte Faust an die rechte Brustseite nehmen.

Zu Beginn des nächsten Schrittes wird die Spitze des vorderen Fußes leicht nach außen gedreht. Der rechte Fuß wird am linken vorbeigezogen (beide Knie nahe beieinander) und Jun-zuki rechts ausgeführt.

Bild 102—108

Beim Vorwärtslaufen ist darauf zu achten, daß die Füße dicht über dem Boden bewegt werden und das jeweils vordere Knie während der Schrittbewegung gebeugt bleibt. Das hintere Bein ist gestreckt, die Brust zeigt bei der Übung in Laufrichtung. Der Körper muß bei den einzelnen Schritten tief und in gleicher Höhe bleiben.

In der beschriebenen Weise wird — stets erst auf Kommando — der nächste Schritt und Schlag ausgeführt.

Selbst bei großen Übungsräumen nähert man sich dabei unweigerlich einer Wand. Dort hat man zwei Möglichkeiten: Entweder man läuft (dies ist eine gelegentlich empfehlenswerte Übung) wie beschrieben rückwärts, bis man sich wieder am Ausgangspunkt befindet, oder man dreht sich vor der Wand um 180°. Dies geschieht folgendermaßen: Angenommen, die letzte Technik vor der Wand wurde rechts ausgeführt, so muß man den linken Fußballen (das Bein bleibt gestreckt) um zwei Körperbreiten nach rechts setzen (der Oberkörper bewegt sich dabei noch nicht). Sodann dreht man sich auf beiden Fußballen um 180° und führt mit der linken Faust Jodan-uke aus (Kommando: Mawatte; Jodan-uke). Die rechte Faust wird dabei an die rechte Brustseite gebracht. Danach bewegt man sich, erneut Jun-zuki übend, zur gegenüberliegenden Wand usw., bis der Lehrer die Beendigung der Übung anordnet (Bild 102—108).

Gyaku-zuki

Man geht, wie beschrieben, das linke Bein vorwärtssetzend, in Zen-Kutsu-dachi-Stellung. Die linke Hand wird nach vorn gehalten. Die rechte Hand liegt an der rechten Seite. Der erste Schlag erfolgt aus dieser Stellung mit der rechten Faust. Dabei werden vier Bewegungen gleichzeitig ausgeführt:

1. Die rechte Faust wird in Höhe des Solar plexus nach vorn gestoßen.

Bild 109—115

2. Die linke Hand wird zur Faust geballt und an die linke Brustseite gerissen.
3. Die rechte Hüfte wird im Moment des Schlages nach vorn
innen gestoßen.
4. Das vordere linke Bein rutscht dabei ca. 20 cm nach links
außen, die Zehen zeigen leicht nach innen. Die Füße sind in
dieser Endstellung mehr als schulterbreit voneinander entfernt; das jeweils hinten stehende Knie ist leicht gebeugt.
Auf Kommando wird der nächste Schritt und Schlag ausgeführt. Das
linke Knie bleibt dabei gebeugt. Der rechte, hinten außenstehende Fuß
wird nahe am linken Fuß vorbeigeführt und nach vorn außen (Zehen
zeigen leicht einwärts) gestellt. Danach werden die oben aufgezählten
ersten drei Bewegungsabläufe wiederum gleichzeitig, aber seiten-
verkehrt, ausgeführt. (Punkt 4 entfällt bei diesen und allen weiteren
Schritten, d. h. erfolgt nur bei Beginn und nach jeder Wendung.) Bei
jeder Wendung wird mit dem Arm, der zuletzt nach vorn gestoßen
wurde, Gedan-barai ausgeführt (Bild 109—115). Kommando: Mawatte;
Gedan-barai.

Jun-zuki-no-tsukkomi
Man steht in Hachiji-dachi-Stellung, geht mit dem linken Fuß, wie beschrieben, einen weiten Schritt vor und dreht dabei die rechten Zehen
nach außen. Die linke Faust stößt man in Augenhöhe nach vorn und

Bild 116—119

47

nimmt die rechte Hand an die rechte Brustseite. Beim nächsten Schritt wird der rechte Fuß dicht am linken vorbeigezogen (beide Knie zeigen in Laufrichtung) und nach vorn gestellt. Danach werden vier Bewegungen gleichzeitig ausgeführt:

1. Rechten Fuß aufsetzen.
2. Zehen des linken Fußes nach außen drehen.
3. Rechte Faust nach vorn stoßen.
4. Linke Faust an die linke Brustseite reißen.

Vor jeder Wendung wird das hinten stehende Bein eine Körperbreite in Fersenrichtung zur Seite gestellt. Nach der Wendung um 180° muß man in Zenkutsu-dachi stehen. Gleichzeitig wird mit dem Arm, der sich beim letzten Schritt vor der Wendung an der Seite befindet, Jodan-uke ausgeführt (Bild 116—119).

Gyaku-zuki-no-tsukkomi

Man nimmt Gyaku-zuki-no-tsukkomi-Stellung ein, so daß der linke Fuß vorn steht. Beim nächsten Schritt wird der rechte Fuß zunächst neben den linken gezogen (das linke Knie bleibt dabei gebeugt) und sodann um eine Fußlänge nach vorn und zwei Körperbreiten nach außen gestellt. Dabei erfolgen vier Bewegungen gleichzeitig:

1. Rechten Fuß aufstellen.
2. Rechte Faust an die rechte Brustseite bringen.
3. Die linke Faust nach vorn stoßen.
4. Das linke Bein und die linke Körperseite strecken.

Bild 120-122

48

Bei jedem weiteren Schritt ist darauf zu achten, daß die vorstoßende Faust Ziele auf einer gedachten Linie parallel zum Boden in Höhe des Solar plexus eines imaginären Gegners trifft.

Vor jeder Wendung wird das jeweils hinten stehende Bein hinter dem anderen Fuß ca. drei Körperbreiten zur Seite gestellt. Danach dreht man sich auf den Ballen, so daß man in Zenkutsu-dachi steht und führt mit der Faust, die zuletzt stieß, Gedan-barai aus. Anschließend wird im Stand Gyaku-zuki ausgeführt und beim Weiterlaufen jeweils Gyaku-zuki-no-tsukkomi.

Wie nach der Wendung kann man auch zu Beginn der Übung verfahren (Bild 120—122).

Suri-komi-mae-geri

Man steht in Kampfstellung (linker Fuß vorn) und geht mit dem rechten Fuß einen Schritt vor. Sowie der rechte Fuß aufsetzt, führt man mit dem

Bild 123—128

linken Fuß Mae-geri aus (Bild 123—128). Dabei ist darauf zu achten, daß dieses Bein nach dem Tritt zunächst angewinkelt und dann erst der Fuß abgesetzt wird. Suri-komi bedeutet, daß man vor der eigentlichen Übung einen Vorwärtsschritt ausführt. Auch Suri-komi-mawashi-geri usw. sind möglich.

Manche Meister empfehlen, Zuki- und Keri-Techniken so miteinander zu verbinden, daß sie für den Übungsleiter kontrollierbar ausgeführt werden. Es ist üblich, Jun-zuki, Gyaku-zuki oder die entsprechenden -no-tsukkomi-Techniken mit Chudan-mae-geri zu kombinieren. Zum Beispiel (Kommando: Kette-jun-zuki):
Man geht links vor und führt Jun-zuki aus. Anschließend erfolgt Chudan-mae-geri rechts. Nach dem Zurückschnappen des rechten Fußes werden gleichzeitig drei Bewegungen ausgeführt:
1. Rechten Fuß absetzen (Zenkutsu-dachi).
2. Rechte Faust vorstoßen (Jun-zuki).
3. Die linke Faust an die linke Brustseite zurückreißen.

Bild 129—133

50

Aus dieser Stellung erfolgt jetzt der nächste Tritt mit dem linken Bein usw. (Bild 129—133).

Alle Karate-Techniken können im Kihon geübt werden. Den Übungsleitern bleibt es jeweils überlassen, mit ihren Schülern weitere Techniken „kihonmäßig" zu üben oder miteinander zu verbinden.

Kombinationen

Kombinieren bedeutet, die kampftechnisch sinnvolle Verbindung mehrerer Karate-Techniken mit dem Ziel, den Angriff für den Gegner unübersichtlich zu machen. Kombinieren im klassischen Sinn bedeutet, den Gegner durch einen Scheinangriff zu einer Abwehrbewegung zu verleiten, die den eigentlichen Angriff ermöglicht. Die Kombinationsmöglichkeiten beim Karate sind zahlreich. Würde man beispielsweise die Grundangriffstechniken in beliebiger Reihenfolge zu Dreierkombinationen verbinden, so ergäben sich bereits mehr als dreitausend Möglichkeiten.

Welche Kombinationen mit dem Prädikat „besonders wertvoll" versehen und geübt werden, muß dem jeweiligen Übungsleiter bzw. Kämpfer überlassen bleiben. Im Kampf gelingen selten Kombinationen von mehr als drei Techniken. Beim Kihon sollte man sich trotzdem mit „Bandwurmkombinationen" beschäftigen und üben, den Gegner mit einem Endlos-Angriff von der Matte zu jagen. Das Training der Zweier- oder Dreierkombination soll darunter nicht leiden.

Beispiele für Kombinationen:

Sokuto	Gyaku-zuki		
Mae-geri	Gyaku-zuki		
Sokuto	Uraken	Gyaku-zuki	
Mae-geri	Mawashi-geri	Gyaku-zuki	
Mawashi-geri	Ushiro-geri	Uraken	Gyaku-zuki

Kumite

Diese Partnerübungen werden zunächst langsam und exakt ausgeführt. Mit zunehmender Übung wird die Geschwindigkeit gesteigert,
ohne daß die Genauigkeit nachlassen darf.

Ippon-kumite

Eine verabredete Angriffstechnik wird mit einer verabredeten Abwehrtechnik beantwortet, z. B.:

Jodan-jun-zuki	Jodan-uke	(Bild 134/135)
Jodan-jun-zuki	Soto-uke	
Chudan-jun-zuki	Uchi-uke	
Chudan-Gyaku-zuki	Uchi-uke	

Bild 134/135

Sanbon-kumite

Wiederum wird Angriff und Abwehr abgesprochen. Die vereinbarten
Techniken werden jedoch dreimal hintereinander ausgeführt, indem der
Angreifer vorwärts geht und der Abwehrende zurückweicht, z. B.:

Gyaku-zuki	Soto-uke	
Jun-zuki	Uchi-uke	(Bild 136—139)

Bild 136—139

Der Verteidiger führt nach der letzten Abwehr einen Gegenangriff aus.

Jiyu-ippon-kumite
Der eine Partner greift mit einer vereinbarten Technik wettkampfmäßig an. Der andere verteidigt kampfmäßig mit ihm geeignet erscheinenden Abwehrtechniken und entsprechendem Gegenangriff.

Jiyu-kumite
Freier Übungskampf — es werden keine Techniken vereinbart; beide Partner kämpfen und reagieren dem Kampfgeschehen entsprechend. Bei Anfängern kann abgesprochen werden, welcher Partner angreift.

Kihon-kumite

Es wird wechselseitig in genau festgelegten Bewegungsabläufen angegriffen und abgewehrt. Jede Aktion der Partner wird mit einem Kampfschrei („Kiai") eingeleitet. Durch Kihon-kumite sollen dem Schüler Verhaltensweisen für bestimmte wiederkehrende Situationen im Kampfverlauf eingeprägt werden. Kihon-kumite wird in verschiedenen Übungsgruppen gelehrt, z. B.:

Ipponme
Nihonme
Sanbonme

Kata

Kata bedeutet „grundlegende Form". Die Grundidee der Karate-Kata ist ein Schattenkampf mit mehreren von verschiedenen Seiten gleichzeitig oder nacheinander angreifenden Gegnern. Unterschiedliche Arm- und Beintechniken werden zu Angriff und Abwehr in vorgeschriebener Form und Reihenfolge nach festgelegten Richtungen exakt und mit bestimmter Geschwindigkeit ausgeführt. Es gibt fünf Pinan (oder Heian) genannte Grundkata:

Shodan
Nidan
Sandan
Yondan
Godan

Von Höhergraduierten werden außerdem noch Naihanchi und Kushanku (diese Kata sind aus Techniken und Bewegungen der fünf Pinan-Kata zusammengestellt) und Chinto geübt.

Die vier japanischen Karate-Schulen lehren noch eine Reihe weiterer Kata.

Anläßlich von Meisterschaften werden in Japan und teilweise auch in Deutschland Kata-Turniere ausgetragen, bei denen technische Perfek-

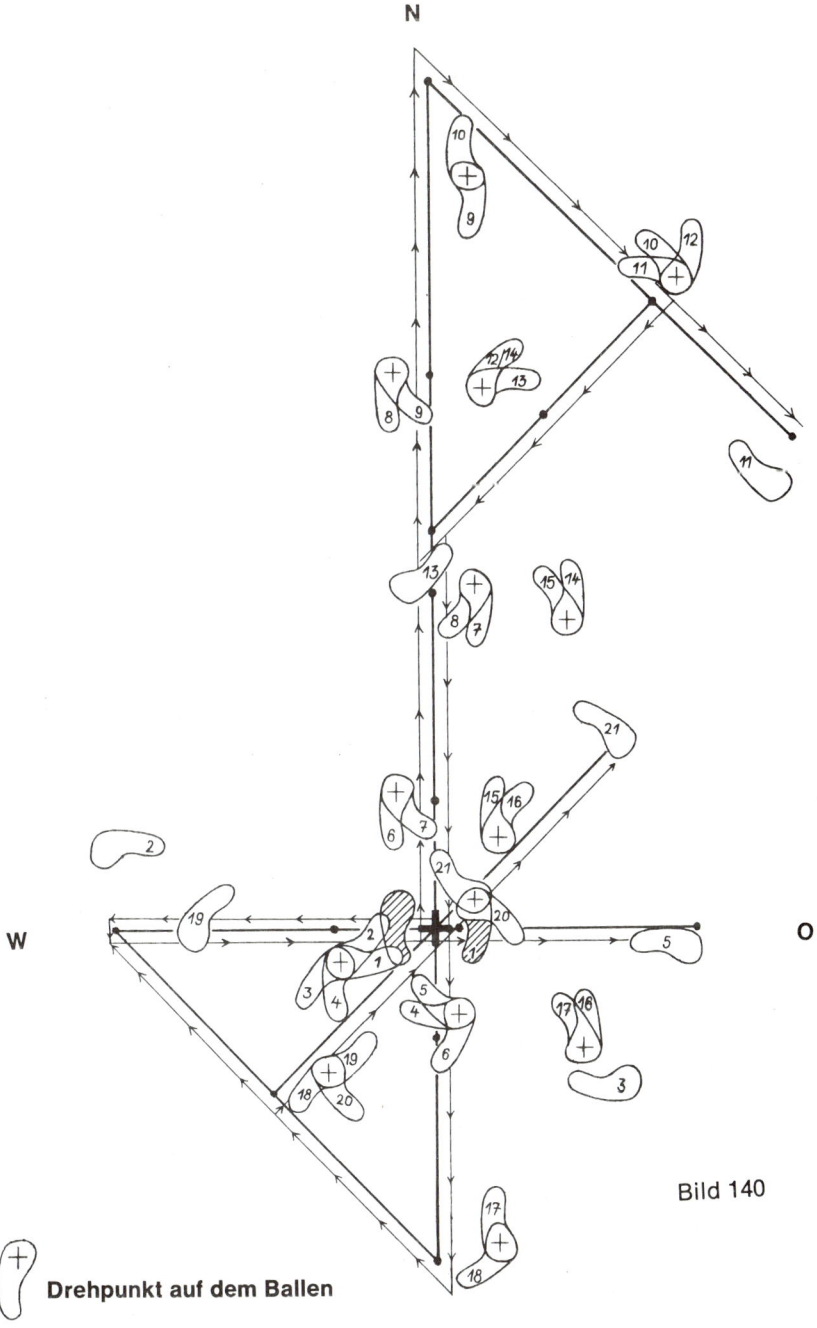

N

W

O

S

Bild 140

Drehpunkt auf dem Ballen

Tabellarische Übersicht über die Bewegungen der Pinan-Nidan

Nr.	Bewegung	Richtung	Technik	Stufe	Stellung
0	Ausgangspunkt (schraffierte Füße)	N	Verbeugung		Heisoku-dachi
		N			Hachiji-dachi
1*)	Wendung links 90°	W	Tettsui l	Chudan	Neko-ashi-dachi
2	Schritt	W	Jun-zuki r	Chudan	Zenkutsu-dachi
3	Wendung rechts 180°	O	Gedan-barai r	Gedan	Zenkutsu-dachi
4*)	rechten Fuß zurück	O	Tettsui l	Chudan	Migi-shizentai
5	Schritt	O	Jun-zuki l	Chudan	Zenkutsu-dachi
6	Wendung links 90°	N	Gedan-barai l	Gedan	Zenkutsu-dachi
7	Schritt	N	Jodan-uke r	Jodan	Zenkutsu-dachi
8	Schritt	N	Jodan-uke l	Jodan	Zenkutsu-dachi
9	Schritt	N	Jodan-uke r	Jodan	Zenkutsu-dachi
10	Wendung links 225°	SO	Gedan-barai l	Gedan	Zenkutsu-dachi
11	Schritt	SO	Jun-zuki r	Chudan	Zenkutsu-dachi
12	Wendung rechts 90°	SW	Gedan-barai r	Gedan	Zenkutsu-dachi
13	Schritt	SW	Jun-zuki l	Chudan	Zenkutsu-dachi
14	Wendung links 45°	S	Gedan-barai l	Gedan	Zenkutsu-dachi
15	Schritt	S	Jun-zuki r	Chudan	Zenkutsu-dachi
16	Schritt	S	Jun-zuki l	Chudan	Zenkutsu-dachi
17*)	Schritt	S	Jun-zuki r	Chudan	Zenkutsu-dachi
18*)	Wendung links 225°	NW	Nukite l	Gedan	Shiko-dachi
19*)	Schritt	NW	Nukite r	Gedan	Shiko-dachi
20*)	Wendung rechts 90°	NO	Nukite r	Gedan	Shiko-dachi
21*)	Schritt	NO	Nukite l	Gedan	Shiko-dachi
22	Wendung links 45° (Ausgangspunkt)	N	linken Fuß zurück		Hachiji-dachi
		N	Verbeugung		Heisoku-dachi

*) siehe Anmerkungen

tion und Geschwindigkeit der Ausführung bewertet werden.

Viele Lehrer beginnen bei der Kata-Unterweisung mit Pinan-Nidan. Die Techniken sind durch die Grundausbildung größtenteils bekannt. Im folgenden geben wir eine tabellarische Übersicht, ein Schrittdiagramm (Bild 140) und Anmerkungen zu dieser Kata.

Anmerkungen zu Pinan-Nidan

Zu Bewegung 1 Die Schlagtechnik endet in Gürtelhöhe, gleichzeitig wird die rechte Faust an die rechte Brustseite genommen.

Zu Bewegung 4 Die Füße stehen wie bei Tobikomi-zuki, aber beide Beine sind gestreckt.

Zu 9 und 17 Die Technik wird mit einem Kampfschrei (japanisch: „Kiai") ausgeführt.

Zu Bewegung 18 Man stellt den linken Fuß hinter den rechten und dreht sich nach links um 225°, bis man nach NW blickt. Die Füße stehen dicht nebeneinander. Die Knie werden zusammengehalten und sind gebeugt. Fußspitze, Knie und Vorderseite des Körpers zeigen nach NW. Die Hände werden vor die Brust gehalten. Die Fingerspitzen zeigen in Laufrichtung. Die Handrücken liegen aufeinander, die stechende Hand oben. Anschließend stellt man den linken Fuß einen großen Schritt nach NW, dreht sich in Shiko-dachi und sticht gleichzeitig mit der linken Hand schräg nach unten, bis der Arm gestreckt in Gürtelhöhe verharrt. Der Rücken der linken Hand wird dabei nach oben gedreht. Das Ziel ist die Nierengegend eines imaginären Gegners. Die rechte Hand (Innenfläche nach oben) wird vor die Brust gezogen.

Zu Bewegung 19 Der rechte Fuß wird neben den linken (rechte Hand oben) gestellt. Wieder zeigen Füße, Knie, Körper und Fingerspitzen nach NW. Danach wird der rechte Fuß einen großen Schritt vorgestellt, man dreht sich in Shiko-dachi und sticht rechts.

Zu Bewegung 20 Der rechte Fuß wird neben den linken zurückgestellt. Gleichzeitig dreht man sich um 90° nach rechts, so daß Füße, Knie, Körper und Fingerspitzen (rechte Hand oben) nach NO zeigen. Danach wird der rechte Fuß vorgestellt und Nukite rechts ausgeführt.

Zu Bewegung 21 Der linke Fuß wird neben den rechten gestellt, Füße, Knie, Körper und Fingerspitzen zeigen nach NO: Nukite links.

Kampf

Nachdem man die Grundtechniken eingehend geübt hat – aber auch erst dann (!) –, sollte man mit Trainingskämpfen beginnen. Das ist nicht nur wichtig für Leute, die Meisterschaften gewinnen wollen, sondern für **alle,** die Karate betreiben, auch wenn sie nur der Verkalkung vorbeugen oder sich „nur" verteidigen wollen.

Da beim Karate Angriffe mit Rücksicht auf die Gesundheit des Partners nicht vollendet werden dürfen, ist für Anfänger schwer zu durchschauen, wo die gelehrten Techniken nicht mehr der Wirklichkeit entsprechen und man ersatzweise Wert darauf zu legen beginnt, den „Hara" zu fühlen (ganz tief unten versteht sich, etwas unter dem Nabel).

Es ist nämlich ein großer Irrtum, zu glauben, daß man nach eifrigem Üben von Jun-zuki und dergleichen in der Lage ist, „jeden" Angriff erfolgreich abzuwehren.

Ein weiterer Irrtum ist es, anzunehmen, daß „Bösewichter", die es auf Geld oder Gesundheit anderer abgesehen haben, nicht üben. Solche Dunkelmänner betreiben vielleicht (?) kein Karate, schlagen sich dafür aber (was auch immer das Motiv sein mag) wöchentlich mehrmals in dafür geeigneten Lokalitäten. Dieses „Training" (das kein biederer Bürger unterschätzen sollte) läßt sich nur durch langwierige, gründliche Ausbildung und häufiges Kämpfen ausgleichen. Sie können versichert sein, anderslautende Versprechungen, die im Zusammenhang mit Karate in Werbetexten immer wieder gemacht werden, sind Unsinn oder Betrug.

Wer kämpft mit wem?

Bei Meisterschaften — beim Karate gibt es bisher keine Gewichtsklassen — werden die Paarungen durch das Los festgelegt. Beim Training bestimmt entweder der Übungsleiter, wer mit wem zu kämpfen hat, oder z. B.:

a) Alle Kämpfer stellen sich in zwei Reihen gegenüber auf. Auf Kommando des Lehrers beginnt jeder mit dem ihm gegenüberstehenden zu kämpfen .nach 2—3 Minuten wird der Kampf auf Kommando unterbrochen. Der jeweils am Ende einer Reihe Stehende geht zur gegenüberliegenden Seite, die übrigen rücken weiter, bis jeder einen neuen Gegner hat. Dann wird die nächste Runde mit einem neuen Gegner gekämpft.

b) Alle Übenden setzen sich, nur zwei Partner kämpfen turniermäßig gegeneinander. Der Lehrer korrigiert und kommentiert die Techniken. Der Sieger bleibt auf der Matte und kämpft gegen den nächsten Partner.

Wie wird gekämpft?

Die Kampffläche soll mindestens 8 × 8 m groß sein. Die Kampfzeit beträgt 2—3 Minuten. Ist während dieser Zeit keine Entscheidung gefallen, verlängert sich die Kampfzeit nach einer Minute Pause um weitere zwei Minuten.

Die Kämpfer stellen sich zu Beginn eines Kampfes gegenüber, zwei bis vier Meter voneinander entfernt, in Heisoku-dachi auf. Sie verbeugen sich, die Hände seitlich an den Oberschenkeln haltend und den Gegner anblickend, voreinander und nehmen anschließend Hachiji-dachi-Stellung ein. Danach gibt der Kampfrichter das Kommando „Hajime". Jeder geht in Kampfstellung. Der Kampf beginnt.

Eine vorgeschriebene Kampfstellung gibt es nicht; viele Kämpfer bevorzugen Kokutsu-dachi oder Neko-ashi-dachi, weil man dem Gegner dabei die Seite (kleine Angriffsfläche) zuwendet und das Körpergewicht sowohl auf das vordere als auch auf das hintere Bein verlegen kann. Dadurch ist man in der Lage, abwechselnd mit beiden Beinen treten zu können. Außerdem kann man Tritte des Gegners zum Unterkörper durch einfaches Hochheben des vorderen Knies blockieren.

Die Hände werden, offen oder leicht zur Faust geschlossen, vor dem Körper gehalten. Angenommen, man steht (linker Fuß vorn) in Kokutsudachi, so wird die linke Hand in Höhe der eigenen Schulter gehalten, die rechte Hand vor dem Unterkörper. Die gesamte Muskulatur darf auf keinen Fall verkrampft werden — nur mit entspannter Muskulatur kann man sich genügend schnell bewegen. Die Angriffe des Gegners wehrt man entweder mit den entsprechenden Techniken oder durch geschicktes Ausweichen ab. Vielfach werden Angriffe des Gegners dadurch vereitelt, daß man durch ohrfeigenähnliche Schläge mit der offenen Hand den vorstoßenden Arm des Gegners oder seinen angreifenden Fuß zur Seite lenkt. Verbindet man diese Abwehrbewegung mit einem Sprung zum Gegner, kommt man selbst in eine günstige Angriffsposition, d. h. an seine Seite oder hinter seinen Rücken. Zum Beispiel: Der Gegner greift mit Jun-zuki rechts an. Man schlägt seinen rechten Arm mit der eigenen linken Hand so zur Seite, daß sein Arm dabei nach links geschleudert wird. Gleichzeitig geht man auf den Gegner zu, bis man neben oder hinter ihm steht, und versucht, einen Punkt zu erzielen.

Um einen „Punkt" (Ippon) zu bekommen, müssen verschiedene Voraussetzungen erfüllt werden:

1. Der Angreifer muß so dicht, wie es für die ausgeführte Technik erforderlich ist, an den Gegner herankommen.

2. Der Angriff muß exakt und so kraftvoll durchgeführt werden, daß der Gegner, würde die Technik bis zur letzten Konsequenz ausgeführt, sofort kampfunfähig wäre (Ein Feind ein Schlag!). **Der Angriff muß schnell durchgeführt werden.**

3. Die Technik muß kurz vor dem Auftreffen auf den gegnerischen Körper gestoppt werden. Wegen der Gefährlichkeit der Karate-Techniken wird die Nichtbeachtung dieser Regel mit sofortiger Disqualifikation geahndet.

Um z. B. mit Faustschlägen einen vollen Punkt zu erzielen, müssen diese dicht vor dem Gegner gestoppt und zurückgezogen werden. Der Arm darf dabei noch nicht gestreckt sein, weil es sonst im Ernstfall nicht mehr möglich wäre, mit voller Kraft zu treffen. War der Arm gestreckt, die Technik ansonsten sauber ausgeführt, so ergibt das einen „nahezu Punkt" (Wazaari).

Der Kampf ist vor Ende der Kampfzeit siegreich beendet, wenn einer der Gegner Ippon oder zwei Wazaari erzielt. Treffer werden beim Karate nur gewertet, wenn sie auf empfindliche Körperpartien, wie Kopf, Hals, Brust, Bauch, Unterleib usw., gezielt sind, so daß der Gegner im Ernstfall nach dem Treffer kampfunfähig wäre. Man muß sich beim Karate bemühen, nicht wild mit den Armen fuchtelnd und mit den Füßen ins Leere tretend zu kämpfen, sondern soll den Gegner konzentriert überwachen. Im geeigneten Augenblick, wenn man eine Lücke in seiner Verteidigung entdeckt, darf man nicht zögern, mit gut geübten Techniken „explosionsartig" anzugreifen.

Das Schlagwort vom teuer zu bezahlenden „gewußt wo" wird beim Kampf noch durch das „gewußt wann" erweitert.

Shiwari

Der Schlagtest stellt für den Laien die „bekannteste Karate-Übung" dar. In der Fachwelt sind die Meinungen über Shiwari geteilt. Manche Karateka lehnen den Schlagtest als „ketzerische Übung", die mit dem angeblich „wahren Karate" nicht vereinbar ist, ab. Andere benutzen den Schlagtest als Übung und natürlich auch zu Werbezwecken. Von dem japanischen Karate-Meister Yamaguchi erzählt man sich, daß er einen Golfball mit den Fingern zerteilt. — Meister Oyama soll einem Bullen ein Horn mit der Handkante abgeschlagen haben, und auch der verehrte erste Bundestrainer des DJB, Y. Toyama, zerschlägt gelegentlich Stapel von Dachziegeln.

Shiwari ist im eigentlichen Sinne keine Übung, sondern ein Test für Geschwindigkeit, Abhärtung der Schlagflächen und Entschlußkraft. Bedenkt man, daß im Karate-Kampf alle Angriffs-Techniken aus „gesundheitlichen Gründen" nur angedeutet werden können, der Schüler also nie Aufschluß über die Wirkung seiner Technik erhält, so erscheint Shiwari zur gelegentlichen Überprüfung der Brisanz zweckmäßig.

Es gibt zwei Arten von Shiwari:

1. Schlagkraft

Mit Schlagflächen, wie Faust, Fußkante usw., werden Bretter, Dachziegel, Mauersteine etc. zerschlagen. Dazu ist entsprechendes Training am Makiwara (Shiwari sollte nur von Fortgeschrittenen praktiziert werden) erforderlich. Der Anfänger sollte sich zunächst nicht an „dicke Brocken" heranwagen (Verletzungsgefahr!). Die Qualität des Shiwari allein gibt keinen Aufschluß über die Kampfkraft, denn dabei entscheiden vor allem Technik, Erfahrung und Reaktionsvermögen.

2. Schnelligkeit

Diese Form des Shiwari ist weniger bekannt. Sie gibt über die Geschwindigkeit der Karate-Techniken Aufschluß. Dafür benutzt man z. B. den „Zeitungstest": Man steht in Zenkutsu-dachi und schlägt mit Gyaku-zuki durch eine von einem Partner am oberen Rand zwischen den Fingern gehaltene Zeitung. Dabei ist besonders auf das Zurückreißen der nicht schlagenden Hand zu achten, weil sich dadurch die Schlaggeschwindigkeit erhöht. Nur mit großer Schnelligkeit gelingt es, die Zeitung zu durchschlagen.

Ein anderer Test besteht darin, eine Kerzenflamme durch den Luftwirbel, der bei einem Schlag wie z. B. Jun-zuki entsteht, zu löschen — natürlich ohne die Kerze zu berühren.

Selbstverteidigung

Das Karatesystem ist von Leuten geschaffen worden, die keine Waffen hatten oder tragen durften, sich aber trotzdem zur Wehr setzen mußten, wenn sie überleben wollten. Der ursprüngliche Zweck des Karate ist also der der Selbstverteidigung. Der Karatekampf mit seinen partnerschonenden Kampfregeln hat sich erst später aus der Notwendigkeit, den Kampf üben zu müssen, entwickelt. Der Vorteil des Karate besteht darin, daß man nicht für jeden Angriff eine spezielle Abwehr benötigt, sondern, sofern man genügend geübt und gekämpft hat, mit den im sportlichen Kampf gebräuchlichen Karatetechniken Angriffe abwehren und wirksam beantworten kann, so wirksam übrigens, daß man ihre Anwendung nur auf Notfälle beschränken sollte.

FACHWÖRTERVERZEICHNIS

A	Ashi	Bein, Fuß
B	Barai	Jemanden ein Bein stellen, fegen
C	Chu	Mitte
D	Dachi	Stellung, Stand
	Dan	Stufe, Grad (Meistergrad)
	Do	Der Weg, den man im Leben verfolgen soll, Prinzip, Lehre
	Dojo	Platz des Weges (Trainingshalle)
E	Empi	Ellenbogenstoß
F	Fumi	treten
G	Gamae	Stellung
	Ge	unten
	-geri	siehe Keri
	Go	fünf
	Gyaku	umgekehrt, anders herum
H	Hachiji	diesem Schriftzeichen 八 ähnelnde Fußstellung
	Hajime	beginnen
	Hara	Bauch
	Hei	zusammen
	Hidari	links
I	Ichi	eins
	Ippon	ein Punkt
J	Jiyu	frei
	Jo	oben
	Juji	Kreuz
	Jun	normal
K	Kara	leer
	Karategi	Karateanzug
	Karateka	Karatetreibender, Karatekämpfer
	Kata	Form, Schulter
	Kempo	Faustmethode (Verteidigungssystem)
	Ken	Faust
	Keri	mit dem Fuß stoßen, treten
	Kette	treten Sie!
	Kiai	Kampfschrei, Schlachtruf
	Kiba	breitbeinig
	Kihon	Grundlage, Fundament
	Kokutsu	auf dem hinteren Bein stehen
	Komi	herein, hinein

	Kumite	Partnerübung
	Kyu	Klasse, Rang, Schülergrad
M	Mae	vorn, vorwärts
	Maki	wickeln, winden, rollen
	Makiwara	Schlagpolster
	Mawashi	gedreht
	Mawatte	dreht Euch!
	Me	Reihenfolge
	Migi	rechts
	Morote	beide Hände
N	Nagashi	fließen
	Neko	Katze
	Ni	zwei
	-no-	von (Genitiv)
	Nukite	durchstoßen, mit der Hand stechen
O	Obi	Gürtel
R	Ryo	Stil, Schule, Art
S	San	drei
	Shi	Probe
	Shu	Handseite
	Soku	Fuß
	Soto	außen, draußen
	Suri	streifen, streichen, reiben
T	Tate	senkrecht, aufrecht
	Te	Arm, Hand
	Tettsui	Hammer
	To	Schwert
	Tobi	springen
	Tsuki	siehe Zuki
	Tsuri	angeln, ziehen
U	Uchi	schlagen, innen
	Uke	erhalten, abbekommen (Verteidigung)
	Ura	Rückseite, Rücken
	Ushiro	hinten, rückwärts
W	Wara	Stroh
	Wari	zerschlagen
	Wazaari	Technik ist vorhanden!
Y	Yame	aufhören
	Yoi	bereit sein
	Yoko	Seite
	Yon	vier
Z	Zuki	Schlag, stoßen
	Zenkutsu	Bein weit vorstellen